Ernest Chama Mutale

Aumentar o acesso a parteiras qualificadas em zonas rurais remotas

Ernest Chama Mutale

Aumentar o acesso a parteiras qualificadas em zonas rurais remotas

Imprint

Any brand names and product names mentioned in this book are subject to trademark, brand or patent protection and are trademarks or registered trademarks of their respective holders. The use of brand names, product names, common names, trade names, product descriptions etc. even without a particular marking in this work is in no way to be construed to mean that such names may be regarded as unrestricted in respect of trademark and brand protection legislation and could thus be used by anyone.

Cover image: www.ingimage.com

This book is a translation from the original published under ISBN 978-620-2-02739-7.

Publisher:
Sciencia Scripts
is a trademark of
Dodo Books Indian Ocean Ltd. and OmniScriptum S.R.L publishing group

120 High Road, East Finchley, London, N2 9ED, United Kingdom
Str. Armeneasca 28/1, office 1, Chisinau MD-2012, Republic of Moldova, Europe
Printed at: see last page
ISBN: 978-620-8-07266-7

Da investigação à prática: Curso de Formação em
Investigação em Saúde Sexual e Reprodutiva

<u>Fundação de Genebra para a Educação e Investigação Médica</u>

Protocolo de investigação

Aumentar o acesso a parteiras qualificadas em
zonas rurais remotas
e de difícil acesso do distrito de Mbala,
província do Norte
da Zâmbia

15th fevereiro, 2017

Número de identificação 512; <u>Email:-mutalechama@yahoo.co.uk</u>

Tópico da proposta de investigação: Aumentar o acesso a parteiras qualificadas em zonas rurais remotas e de difícil acesso do distrito de Mbala, província do Norte da Zâmbia

Número de identificação da proposta de investigação: Nenhum

Data: 15th fevereiro, 2017

Nome e endereço do patrocinador: Nenhum

Nome do Investigador: Ernest C Mutale

Endereço de correio eletrónico: mutalechama@yahoo.co.uk

Telefone: +260977-511 807

Instituição: Fundação de Genebra para a educação e investigação médica

Índice

Parte 1: Visão geral da investigação
Resumo

Descrição do problema: Vários estudos documentaram as dificuldades que existem no acesso a serviços de saúde de qualidade. No entanto, apenas alguns estudos documentaram efetivamente as relações entre a facilidade de acesso aos serviços de saúde e a prestação de serviços de saúde de qualidade no que diz respeito aos parteiros do sexo masculino. Isto apesar do facto de a melhoria dos resultados da saúde materna através da redução das barreiras ao acesso aos serviços de saúde materna ser um objetivo fundamental para os países em desenvolvimento. Espera-se que este estudo de investigação aumente o acesso à qualidade dos serviços de saúde prestados às mulheres doentes em zonas rurais remotas e de difícil acesso da Zâmbia.
Objetivo: Analisar as relações entre a aceitação das parteiras masculinas pelas pacientes do sexo feminino e a qualidade dos serviços de saúde oferecidos pelas parteiras masculinas.

Conceção e métodos do estudo: Um inquérito transversal de 100 pacientes do sexo feminino internados e ambulatórios com idades entre 18-49 anos do Hospital Geral de Mbala de 1st maio, 2017 a 30th agosto, 2017. Os dados serão recolhidos através de entrevistas e FGD. A análise dos dados será efectuada através do programa SPSS.

Medida principal do resultado: Maior acesso aos serviços de saúde com maior participação dos parteiros do sexo masculino.

Resultados: A investigação ajudar-nos-á a compreender se o envolvimento de parteiras do sexo masculino está associado a um aumento do acesso a serviços de saúde de qualidade nas zonas rurais.

PALAVRAS-CHAVE: Doentes do sexo feminino, parteiras do sexo masculino, serviços de saúde e zonas rurais.

Identificação e justificação do problema de investigação

Os principais factores que contribuem para a perda de vidas entre as pacientes do sexo feminino são as complicações maternas relacionadas com a gravidez, em resultado da falta de parteiras qualificadas em zonas rurais remotas (1).

Foram aprendidas muitas lições sobre processos eficazes para encontrar uma solução permanente para este problema através da convocação e harmonização dos esforços dos parceiros. Estas incluem a necessidade de conseguir mudanças culturais e de valores entre os líderes de opinião e no seio das comunidades sobre a importância de trabalhar em conjunto com as parteiras na reformulação da forma como a prestação de cuidados de saúde materna deve ser feita nos centros de saúde controlados por homens e a necessidade de aplicar eficazmente os recursos limitados do governo e do sector privado através de uma melhor orientação e acompanhamento dos esforços e resultados de todos (2).

Segundo as organizações da sociedade civil, a Zâmbia tinha uma população estimada em 15,5 milhões de habitantes em 2015, dos quais 42% viviam em zonas urbanas e 58% em zonas rurais. Em geral, 76,6% das pessoas que vivem nas zonas rurais vivem abaixo do limiar de pobreza. Cerca de um décimo das pessoas que não se sentem bem não consultam os profissionais de saúde ou recorrem apenas à automedicação, uma situação semelhante tanto nas zonas rurais como nas urbanas. No entanto, as barreiras ao acesso aos cuidados de saúde entre as mulheres em idade fértil foram citadas como sendo devidas a: obtenção de autorização dos seus parceiros para se submeterem a tratamento, falta de dinheiro para transporte e tratamentos básicos, longas distâncias até às unidades de saúde, não quererem ir sozinhas, preocupações de que possam ser apenas prestadores de cuidados de saúde do sexo masculino, preocupações de que não haja nenhum prestador de cuidados de saúde, preocupações de que não haja medicamentos disponíveis para tratamento, preocupações com atitudes rudes entre alguns prestadores de cuidados de saúde, para mencionar apenas alguns.

Em suma, os principais desafios no domínio da saúde reprodutiva e materna continuam a ser os seguintes

J Desigualdades na distribuição e colocação de serviços de saúde e de profissionais de saúde entre zonas urbanas e rurais,
J Baixo rácio de prestadores de cuidados de saúde qualificados para a população rural remota,
J Infra-estruturas inadequadas para a prestação de serviços de saúde,
J Equipamento, transporte e comunicação inadequados para as instalações de cuidados de saúde,
J Deficiências nos sistemas de cadeia de abastecimento de produtos de base e logística,
J Envolvimento inadequado da comunidade na saúde reprodutiva, como os grupos SMAGs,

J Fracos sistemas de garantia de qualidade para os grupos SMAG,

J Cursos de atualização/formação inadequados para as parteiras que trabalham em zonas rurais remotas,

J Implementação inadequada das estratégias de saúde reprodutiva a nível distrital e comunitário; J Conhecimento inadequado dos serviços de saúde existentes entre as mulheres das zonas rurais remotas; J Conhecimento inadequado das principais questões de saúde reprodutiva entre o pessoal dos centros de saúde rurais; e

J Serviços de proximidade inadequados em matéria de cuidados de saúde sexual e reprodutiva em zonas rurais remotas.

Por este motivo, as mulheres que vivem nas zonas urbanas têm mais do dobro das probabilidades de dar à luz numa unidade de saúde do que as mulheres das zonas rurais, onde a maioria dos partos é feita em casa. Uma razão específica para este facto é o número obviamente inferior de pessoal de saúde nas zonas rurais em comparação com as zonas urbanas. De acordo com o Sexto Plano Nacional de Desenvolvimento 2013-2016, o número de partos efectuados por pessoal qualificado era de 31,0% nas zonas rurais, em comparação com 83,0% nas zonas urbanas. A principal razão para a diminuição do número de partos institucionais nas zonas rurais foi a ausência de uma profissional de saúde do sexo feminino em algumas unidades de saúde. Esta é mais uma razão pela qual é imperativo realizar esta investigação sobre parteiras do sexo masculino para descobrir as verdadeiras razões que podem estar na base dos prestadores de cuidados de saúde do sexo masculino e da qualidade dos serviços que estão a oferecer nas zonas rurais remotas.

Felizmente, nos últimos cinco anos, foram envidados esforços consideráveis na Zâmbia para promover a igualdade de género no desenvolvimento do sector da saúde. O Governo aumentou a prestação de serviços de grande impacto, com especial incidência na saúde materna e infantil. Também para melhorar o acesso aos serviços de saúde, o Governo iniciou um projeto de construção de 650 postos de saúde nas zonas rurais em 2014. Além disso, o Governo procedeu a uma grande reabilitação e expansão das infra-estruturas hospitalares, à aquisição e instalação de equipamento de diagnóstico e tratamento de ponta e ao reforço das competências. Apesar destas realizações, as taxas de mortalidade permaneceram muito elevadas na Zâmbia e foram atribuídas, entre outros factores, a um comportamento deficiente na procura de cuidados de saúde, à falta de água e saneamento, à má nutrição e à prestação inadequada de serviços de saúde. Por conseguinte, o governo reconheceu que existem muitos factores que influenciam/afectam a utilização dos serviços de saúde, especialmente por parte das mulheres. Estes factores incluem atitudes pessoais, estado civil, papéis na tomada de decisões, crenças e mitos culturais, idade e nível de educação das mulheres doentes, informação inadequada sobre a utilização, disponibilidade de profissionais de saúde e as longas distâncias até às unidades de saúde (2).

No distrito de Mbala, foram envidados esforços para melhorar a igualdade de género através da realização de actividades como o reconhecimento do bom trabalho realizado pelos parteiros do sexo masculino. Estas actividades são realizadas durante vários seminários que incluem debates sobre o Planeamento Familiar e a promoção da saúde que, no passado, eram dirigidos apenas às mulheres da zona. Estes esforços baseiam-se nos ganhos alcançados e nas lições aprendidas durante a implementação dos Planos Estratégicos Nacionais de Saúde. Apesar dos progressos acima referidos, os recursos humanos para o desenvolvimento da saúde em Mbala e na Zâmbia em geral continuam a enfrentar muitos desafios. A saúde e a prestação de serviços relacionados com a saúde são deficientes em muitos aspectos. Embora se tenham registado alguns progressos positivos, como a redução da mortalidade materna e infantil, o controlo do desgaste dos recursos humanos continua a ser um grande desafio. Infelizmente, o país não parece estar preparado para esta situação. As zonas rurais, em especial, enfrentam dificuldades, uma vez que não existem instalações para o desenvolvimento de competências no domínio da saúde materna para as parteiras em serviço. Por conseguinte, Mbala continua a enfrentar desafios no que diz respeito à qualidade da sua força de trabalho, uma vez que a maioria das pessoas que procuram emprego não possuem as competências adequadas para os empregos específicos que pretendem. Por conseguinte, a prestação de serviços de saúde também terá de ser melhorada através do desenvolvimento de infra-estruturas, do aumento da mão de obra no sector da saúde e da construção de mais unidades de saúde (3).

Em suma, o distrito de Mbala não está a conseguir atrair parteiras devido às dificuldades de localização geográfica. O distrito, tal como muitas outras zonas rurais remotas da Zâmbia, é geralmente evitado por muitas parteiras recém-recrutadas, especialmente as do sexo feminino, devido à maior carga de trabalho resultante da elevada escassez de pessoal, à falta de equipamento moderno, de comodidades sociais, de incentivos financeiros e não financeiros e a uma qualidade de vida global muito inferior à que se pode obter nas zonas urbanas. Além disso, o aumento do número de agências não governamentais que operam na Zâmbia fez com que muitos prestadores de cuidados de saúde, especialmente as parteiras, abandonassem os postos de trabalho nos hospitais, sobretudo nas zonas rurais, em detrimento dessas organizações que oferecem melhores remunerações. Esta situação, por sua vez, criou uma fuga de cérebros interna, uma vez que se regista uma migração interna ou um movimento doméstico de profissionais altamente formados e qualificados dos empregos profissionais para os quais receberam formação para empregos que nem sequer estão relacionados com a sua formação original em enfermagem ou obstetrícia. Esta situação resultou também num número ainda mais reduzido de parteiras que se encontram diretamente envolvidas nos cuidados aos doentes em zonas rurais remotas e de difícil acesso. A diminuição do número de parteiras nessas zonas resulta num acesso limitado a cuidados de saúde de qualidade e, consequentemente, na realização dos Objectivos de Desenvolvimento Sustentável (4).

Por conseguinte, o distrito enfrenta um enorme desafio em termos de mão de obra no sector dos cuidados de saúde, uma vez que apenas uma mão-cheia de parteiras do sexo masculino tem coragem para trabalhar no distrito. Este facto é agravado pela baixa aceitação geral dos parteiros masculinos por parte das mulheres pacientes. Existe, portanto, uma necessidade urgente de realizar um estudo sobre os factores que promovem a aceitação das parteiras por parte das mulheres, a fim de ajudar os decisores políticos a realizar intervenções baseadas em dados concretos que aumentem o acesso aos serviços de saúde no país. As principais áreas de enfoque incluirão (a) como reforçar a capacidade do atual sector da saúde na prestação de cuidados de saúde reprodutiva de qualidade em zonas rurais remotas (b) como intensificar as preocupações de liderança e governação que promovam a prestação eficaz de cuidados de saúde nas comunidades rurais e (c) como aumentar a informação e as comunicações sobre saúde reprodutiva a fim de reforçar a promoção da saúde, a criação de procura e promover melhores comportamentos de procura de cuidados de saúde que conduzam à utilização eficaz dos serviços de saúde já disponíveis em zonas rurais remotas atualmente oferecidos por parteiras (5).

Declaração do problema

Os enfermeiros e as parteiras constituem a maior força de trabalho do sector da saúde na Zâmbia. Prestam cuidados contínuos críticos 24 horas por dia, que incluem a promoção da saúde, a prevenção de doenças, serviços curativos, de reabilitação e paliativos, em conformidade com o disposto na Lei n.º 31 de 1997 relativa aos enfermeiros e parteiras. A evolução da enfermagem e da obstetrícia está a mudar rapidamente, com o aumento das expectativas dos clientes ou doentes e das necessidades de serviços. Ao longo do tempo, os serviços de enfermagem e obstetrícia têm sido prejudicados por uma série de desafios. Estes desafios incluem o rápido crescimento da população, o aumento da carga de doenças transmissíveis e não transmissíveis (DNT) e a escassez de enfermeiros, parteiras e professores, o que conduz a um aumento da carga de trabalho tanto na área clínica como na área da formação. Esta situação é agravada pela inadequação do equipamento e dos materiais necessários para prestar cuidados de saúde de qualidade. Para fazer face a esta procura sempre crescente e ao dinamismo da enfermagem e da obstetrícia, é necessária uma mudança pragmática no sentido da inovação, da produtividade e da melhoria da eficiência. Durante um longo período de tempo, os enfermeiros e as parteiras do distrito de Mbala prestaram serviços de saúde a pacientes do sexo feminino sem qualquer informação de base sobre a aceitação das parteiras pelos pacientes, o que poderia estar a afetar a prestação de serviços de saúde de qualidade pelas parteiras. Isto levou a dificuldades em determinar se o governo deve ou não continuar a destacar mais parteiras para zonas rurais remotas e de difícil acesso do distrito de Mbala, na província do Norte da Zâmbia.

Justificação

Nos últimos anos, o Ministério da Saúde iniciou um programa de reabilitação, modernização e construção de novas instalações, a fim de melhorar a prestação de serviços e aumentar o acesso a cuidados de saúde económicos. Os principais desenvolvimentos de infra-estruturas registados no sector da saúde incluem a modernização de hospitais, a construção de postos de saúde, a reabilitação de instalações e a construção de hospitais distritais. No entanto, sem os recursos humanos necessários, todo este desenvolvimento das infra-estruturas será em vão.

Além disso, o rácio de médicos, enfermeiros e parteiras por 1.000 habitantes na Zâmbia é de 1,2 por 1.000 habitantes, enquanto a norma estipulada pela OMS para médicos, enfermeiros e parteiras por 1.000 habitantes é de 2,3. A escassez estimada de médicos, enfermeiros e parteiras por 1.000 habitantes na Zâmbia é de aproximadamente 18.000 e, com a taxa de crescimento demográfico prevista para o país, é provável que o défice aumente significativamente nos próximos anos. As províncias rurais como Luapula, Norte e Oeste têm um rácio de médicos, enfermeiros e parteiras ainda mais baixo, de 0,6 por 1 000 habitantes. Estes rácios baixos dificultam a contribuição significativa do sector para os resultados do desenvolvimento humano.

Tendo em conta a situação acima descrita, existe, portanto, uma necessidade urgente de expandir a estrutura do Ministério da Saúde de modo a alinhá-la com os vários desenvolvimentos de infra-estruturas que estão a ocorrer no ministério e, consequentemente, melhorar os níveis de pessoal para implementar eficazmente intervenções de elevado impacto a vários níveis do sistema de cuidados de saúde. Em última análise, isto contribuirá para transformar a Zâmbia numa nação de pessoas saudáveis e produtivas.

Foram alcançadas melhorias notáveis na redução do rácio de mortalidade materna de 591 mortes por 100 000 nados-vivos em 2007 para 398 mortes por 100 000 nados-vivos em 2014. Apesar da diminuição, a mortalidade materna continua a ser elevada em termos absolutos, e a Zâmbia não conseguiu atingir a meta dos ODM de 162 mortes por 100 000 nados-vivos no final de 2015. Por conseguinte, o acesso a cuidados maternos e neonatais de qualidade continua a ser um objetivo de saúde fundamental na Zâmbia, tal como em muitos países em desenvolvimento. Além disso, de acordo com o ZDHS de 2013/2014, a proporção de partos em unidades de saúde foi de 67%, com uma assistência qualificada ao parto de 64%. Uma avaliação nacional de EmONC realizada em 2013/2014 revelou que apenas 18% das instalações de EmONC designadas estavam totalmente funcionais. Este facto contribuiu para a necessidade não satisfeita de serviços EmONC; a taxa de cesarianas, que foi estimada em 3,6%, está abaixo do padrão globalmente aceitável de 5,5%. Além disso, o Ministério da Saúde estava a implementar um regime de retenção de trabalhadores da saúde, baseado em dinheiro, para atrair e reter pessoal nas zonas rurais. No entanto, a abordagem era insustentável devido à dotação orçamental limitada, pelo que o ministério aboliu o regime com efeitos a partir de 1 de setembro de 2013. Além disso, o Ministério da Saúde, em colaboração com os seus parceiros de cooperação, tem vindo a implementar uma série de programas e projectos destinados a melhorar a prestação de cuidados de saúde no país. Estes programas e projectos devem ser dotados de pessoal médico especializado e de outros profissionais de saúde. No entanto, a localização destes programas e projectos na sede do Ministério resultou num elevado número de médicos e outros especialistas de saúde que desempenham funções de gestão de programas em detrimento das funções clínicas nas unidades de saúde. Por exemplo, existem atualmente 49 médicos a gerir vários programas apenas na sede do Ministério.

A nível mundial, verificou-se uma mudança de paradigma na abordagem dos cuidados de saúde, que deixou de se concentrar apenas no tratamento de doenças e passou a centrar-se mais na prevenção das doenças. Esta mudança resulta da constatação de que há vários factores que contribuem para a determinação da saúde das pessoas. Para promover a boa saúde das pessoas, é necessário identificar os determinantes sociais da saúde nas comunidades. Este processo exige a colaboração com outros sectores que contribuem para a saúde. Por conseguinte, é necessário reforçar as ligações entre o sector da saúde e outros sectores que influenciam o estado de saúde dos cidadãos, melhorando o desempenho das funções relacionadas com as determinantes sociais da saúde nas comunidades. A prestação de serviços de saúde no país está atualmente mais centrada na prestação de serviços de saúde curativos do que na prestação de cuidados de saúde primários. Esta situação contribuiu para o congestionamento das unidades sanitárias devido ao número de pessoas que procuram os serviços de saúde. Por conseguinte, é necessário reforçar a prestação de serviços de saúde primários e especializados a todos os níveis de cuidados (4).

Dada a atual escassez de pessoal médico especializado na linha da frente da prestação de serviços, é necessário redistribuir os especialistas da sede pelas zonas de prestação de serviços. No futuro, para melhorar a retenção e a distribuição geográfica do pessoal de saúde em todo o país, é necessário desenvolver uma estratégia de retenção não monetária e uma política de afetação, e os pacotes de incentivos para os profissionais de saúde devem ser aumentados e adaptados conforme necessário, em particular para aumentar o número de médicos e parteiras nas zonas remotas. Apesar de tudo isto, nunca foi realizado qualquer estudo no distrito de Mbala, na Província do Norte da Zâmbia, para avaliar a aceitação de parteiras do sexo masculino por parte das pacientes do sexo feminino e os factores que influenciam essa aceitação. Espera-se que este estudo forneça as informações necessárias para o futuro processo de planeamento no distrito, a fim de ajudar a servir as mulheres pacientes deste distrito rural remoto.

Pesquisa bibliográfica

As fontes analisadas incluíram artigos de livros, Google, Google scholar e trabalhos académicos. No entanto, a maior parte da literatura disponível e analisada era de países desenvolvidos, com culturas, crenças e tradições diferentes das existentes em zonas rurais remotas e de difícil acesso nos países em desenvolvimento.

A nível mundial, a saúde das mulheres, em particular as questões de saúde reprodutiva e a aceitação pelos pacientes de parteiras do sexo masculino, tornaram-se algumas das questões centrais que chamaram a atenção das partes interessadas. Este facto pode ser atribuído a uma melhor compreensão da vulnerabilidade das pacientes do sexo feminino, a uma maior sensibilização para os direitos humanos e ao advento do VIH/SIDA e ao seu impacto associado nas pacientes do sexo feminino. A Organização Mundial de Saúde (OMS) define a saúde reprodutiva como "um estado de completo bem-estar físico, mental e social de um indivíduo e não apenas a ausência de doença ou enfermidade - em todas as questões relacionadas com o sistema reprodutivo e as suas funções e processos". Inclui a prevenção das infecções sexualmente transmissíveis e a prestação de serviços de planeamento familiar e de maternidade segura, com o objetivo de integrar estes serviços de saúde (5).
A maternidade segura é aqui entendida como a criação de circunstâncias em que as mulheres possam optar por engravidar e, se o fizerem, garantir que recebem cuidados para a prevenção e tratamento de complicações relacionadas com a gravidez, têm acesso a cuidados obstétricos essenciais e a cuidados após o parto, incluindo informações sobre planeamento familiar por parte de parteiras bem formadas. Além disso, a Zâmbia é uma sociedade multicultural, caracterizada por diferentes grupos raciais e étnicos, bem como por agrupamentos religiosos e tradicionais. No entanto, existem algumas crenças e práticas sociais, culturais e religiosas que afectam negativamente a saúde. Estas incluem práticas como a limpeza sexual dos cônjuges sobreviventes, procedimentos tradicionais inseguros de nascimento de crianças, casamentos precoces de raparigas e traços patriarcais negativos que perpetuam o baixo estatuto das mulheres (6).

Atualmente, as políticas de saúde reconhecem que os homens parteiros desempenham um papel importante e muitas vezes dominante nas decisões cruciais para a saúde reprodutiva. No entanto, apesar das melhorias na capacidade das instituições públicas de formação e do envolvimento do sector privado na formação de profissionais de saúde, continuam a existir desafios na satisfação das necessidades de recursos humanos no sector da saúde. Os estabelecimentos das instituições de formação não são adequados para satisfazer a procura. Na maior parte das instituições de formação, o espaço orçamental é limitado para empregar pessoal docente e outro pessoal de apoio, a fim de permitir o aumento das inscrições. Além disso, as infra-estruturas, o equipamento e outros requisitos de formação devem continuar a ser alargados, a fim de melhorar a qualidade da formação. É igualmente necessário reforçar o controlo da formação dos profissionais de saúde por parte dos organismos reguladores, a fim de melhorar a qualidade da formação. Por conseguinte, compreender e influenciar o equilíbrio de poder entre parteiras do sexo masculino e feminino pode ajudar a melhorar o comportamento em matéria de saúde reprodutiva e a aceitação das parteiras do sexo masculino no meio de factores culturais e comunitários nos distritos rurais remotos (7).

Por conseguinte, o reconhecimento do facto de a saúde das mulheres ser afetada pela sua educação, pelos seus rendimentos e pelo seu papel na família torna-se um passo importante para melhorar os serviços que as mulheres recebem, bem como para ajudar as parteiras a compreenderem melhor os obstáculos e os constrangimentos que as mulheres enfrentam. Também pode motivar os líderes da comunidade a tomar medidas para resolver alguns destes problemas profundamente enraizados. As soluções para estes factores socioeconómicos que afectam os cuidados de saúde raramente são claras ou simples. No entanto, uma solução é compreender o impacto que a associação entre a Aceitação das Parteiras pelos Doentes do sexo feminino tem no distrito no aumento do acesso a serviços de saúde de qualidade (8).

Os cuidados pré-natais são os serviços prestados às mulheres grávidas para assegurar uma gravidez saudável antes do parto. Constitui uma oportunidade para as parteiras e as mulheres grávidas verificarem as condições da gravidez e despistarem ou tratarem eventuais perigos relacionados com a gravidez. No entanto, as famílias e as comunidades têm um papel importante na formação do carácter e dos comportamentos das futuras mães. Estas exercem uma pressão social que pode produzir tanto resultados negativos como positivos. Por exemplo, a pressão dos pares entre as raparigas e as mulheres jovens tem sido associada a um aumento dos comportamentos sexuais de risco que expõem as jovens ao VIH e a outras Infecções Sexualmente Transmissíveis (IST), bem como a gravidezes e complicações na adolescência. Por outro lado, a pressão social também pode ser utilizada de forma positiva para mobilizar as comunidades a apoiarem os programas de saúde materna (9).

Em 2013, o Serviço Central de Estatística (Central Statistical Office-CSO) revelou que os partos hospitalares eram ligeiramente superiores a 50% na Zâmbia. Apesar do facto de os partos realizados por pessoal médico qualificado representarem mais de 50% dos nascimentos em 2010, esta proporção diminuiu para 46,5% em 2013. O mais notável, porém, foi o aumento dos partos efectuados por familiares/outros, que passaram de 32,8% em 2010 para 41,1% em 2013. Entre as muitas razões para a realização de partos no domicílio, destacam-se as relacionadas com os serviços, tais como a falta de privacidade na unidade de saúde, as atitudes negativas das parteiras - sejam elas homens ou mulheres - e a longa distância até às unidades de saúde. Quanto às razões orientadas para o cliente, estas incluíam: falta de dinheiro para pagar os serviços médicos, falta de roupa de maternidade e de vestuário para bebés para apresentar na unidade de saúde quando o bebé nasce e falta de aceitação dos homens parteiros por parte das pacientes (10).

O planeamento familiar é frequentemente influenciado por uma série de factores. Estes incluem as percepções sobre a utilização do planeamento familiar e o tipo de métodos de planeamento familiar. Os métodos de planeamento familiar dependem do ambiente sociocultural em que um casal/indivíduo está inserido. Nalgumas sociedades, até mesmo a divulgação de informações sobre a regulação da fertilidade é um tabu, sobretudo se vier de parteiras do sexo masculino. Na ausência de regulação da fertilidade, as probabilidades de morrer de causas maternas são maiores devido a complicações resultantes de intervalos curtos, gravidezes precoces, gravidezes muito tardias e paridade elevada. Vista a partir do contexto sociocultural, a aceitação, por parte das utentes, de parteiras do sexo masculino na prestação de serviços de saúde de qualidade desempenha, portanto, um papel importante e crítico na influência da mortalidade materna (11).

A perspetiva dos doentes sobre a qualidade dos serviços de saúde não é apenas uma questão de preferências individuais, mas é mediada pelo ambiente social e cultural. As necessidades dos doentes devem ser compreendidas por todas as parteiras, a fim de prestar serviços de saúde de boa qualidade. Isto porque os factores sociais e culturais, bem como vários outros factores pessoais, afectam as suas percepções sobre a qualidade dos cuidados de saúde. Os benefícios de atender a essas perspectivas sobre a qualidade dos cuidados de saúde são bem evidenciados por muitos estudos de investigação. Além disso, muitas mulheres doentes são afectadas por factores socioculturais e físicos relacionados com o género que, por sua vez, reduzem o seu interesse em procurar os serviços de saúde disponíveis. Nalguns casos, os maridos não permitem que as suas mulheres visitem os serviços de saúde sozinhas ou sejam atendidas por parteiras. Este facto, juntamente com outras normas socioculturais e crenças religiosas, reduz ainda mais o acesso a serviços de saúde de qualidade. Por conseguinte, as parteiras devem ter uma boa compreensão dessas crenças e aplicar a empatia para ajudar a reformular os serviços oferecidos nas unidades de saúde rurais remotas, abordando essas crenças locais, que incluem rumores, mitos e receios sobre questões como os efeitos dos medicamentos sobre elas. Além disso, as longas distâncias até aos serviços de saúde, o custo do acesso aos serviços sob a forma de taxas para material médico, transporte e serviços médicos afectam o grau em que tais barreiras afectam o acesso a serviços de saúde de qualidade. As doentes do sexo feminino também têm outras necessidades concorrentes, como a preparação de alimentos, actividades geradoras de rendimentos, cuidados com os filhos e tarefas domésticas, que reduzem ainda mais a qualidade dos serviços de saúde a que podem aceder ou preferem reduzir o tempo gasto no acesso aos cuidados numa unidade de saúde (12).

Há provas suficientes na literatura de que as pacientes do sexo feminino evitam procurar cuidados de saúde em instalações específicas devido ao género das parteiras. Além disso, as pacientes do sexo feminino evitam as parteiras do sexo masculino por receio de que as parteiras do sexo masculino possam julgar as várias condições médicas para as quais procuram ajuda, como o aborto, a infertilidade, as infecções sexualmente transmissíveis ou a SIDA. A literatura regista que as mulheres pacientes preferem as parteiras aos homens, especialmente para os serviços de saúde reprodutiva e sexual ou "secretos". A maioria das pacientes do sexo feminino sente que ser atendida por parteiras do sexo masculino é uma situação desconfortável e opta por obter o seu consentimento antes de ser atendida por parteiras do sexo masculino que, infelizmente, são a maioria nestas zonas rurais remotas, não lhes dando qualquer opção quanto ao sexo da parteira que as atende (13).

Uma excelente relação interpessoal entre as mulheres doentes e os homens parteiros, caracterizada pela abertura, pelo respeito mútuo e por um bom equilíbrio entre os respectivos papéis na gestão dos cuidados de saúde, é, por conseguinte, um fator importante para a qualidade dos cuidados de saúde prestados. A partir de agora, todos os esforços para melhorar os cuidados de saúde materno-infantis e reduzir a mortalidade materna e neonatal devem centrar-se tanto no aumento do acesso às parteiras como na melhoria da qualidade dos cuidados de saúde maternos. Para melhorar efetivamente o acesso às parteiras e aos cuidados de saúde maternos, é necessário começar por identificar e eliminar os obstáculos ao acesso a serviços de saúde de qualidade. No entanto, esta área da saúde não está adequadamente desenvolvida e requer um reforço significativo para atingir os níveis necessários de sensibilização e educação sanitária. Isto porque os cidadãos com baixos níveis de literacia são mais susceptíveis de estar desempregados e de ter comportamentos de procura de saúde deficientes e de ter um estado de saúde precário. Esta é mais uma razão para que se preste mais atenção à educação sobre este tema, de modo a salientar a inclusão da perspetiva de género no planeamento, conceção, acompanhamento e avaliação dos programas e políticas de saúde para as comunidades rurais(14).

Lacunas identificadas nos conhecimentos e na compreensão

A literatura recente tem em conta a necessidade de considerar as perspectivas das mulheres pacientes sobre a qualidade dos serviços oferecidos pelas unidades de saúde geridas por parteiras do sexo masculino como uma parte essencial da compreensão e do acesso à qualidade dos cuidados de saúde. Isto também é afetado pelas diferenças de classe e de educação entre as utentes e as parteiras, pelas opções limitadas, pelos valores culturais, pelas experiências médicas anteriores ou pela falta de experiências médicas ou pelas percepções do sistema de saúde. Além disso, a pobreza na Zâmbia é um fenómeno predominantemente rural, sendo a percentagem da população que vive abaixo do limiar de pobreza nas zonas rurais estimada em 76,6%, em comparação com 23,4% nas regiões urbanas. Nas zonas urbanas, o declínio da mortalidade materna beneficia de intervenções como a melhoria da utilização de contraceptivos para o espaçamento dos partos, a prevenção dos casamentos precoces, a melhoria dos sistemas de encaminhamento, a prestação e o acesso a cuidados obstétricos de emergência e a melhoria da utilização de parteiras e assistentes de parto com mais formação. No entanto, apenas alguns estudos realçaram as inter-relações entre esses factores associados ao aumento do acesso a serviços de saúde de qualidade oferecidos por parteiras do sexo masculino a pacientes do sexo feminino em zonas rurais remotas. Este facto tem um efeito nas perspectivas das mulheres pacientes sobre a forma como valorizam a qualidade dos serviços de saúde, uma vez que podem apenas julgar o sistema de saúde com base na sua própria satisfação com o serviço oferecido. Para o efeito, e com base no êxito da melhoria dos recursos humanos no sector da saúde, são necessários esforços adicionais para melhorar a prestação de serviços nas zonas rurais. Para reduzir ainda mais a mortalidade materna, será necessário abordar as desigualdades de género profundamente enraizadas que se manifestam nos casamentos precoces, na gravidez na adolescência e no acesso inadequado aos serviços de saúde sexual e reprodutiva (15).

Outras questões que foram identificadas como afectando o acesso a serviços de saúde de qualidade são as questões de privacidade e confidencialidade, a competência das parteiras em geral, a falta de respeito e de tratamento amigável, a falta de informação e de serviços de aconselhamento, a falta de horários convenientes, longos tempos de espera e serviços médicos caros. No entanto, a maioria dos estudos não analisou a forma como estes factores afectam o acesso a serviços de saúde de qualidade prestados por parteiras do sexo masculino em comunidades rurais remotas com recursos humanos limitados, como é o caso dos países em desenvolvimento (16).

Atualmente, várias intervenções têm-se centrado na mudança de comportamento das parteiras e na melhoria das infra-estruturas das unidades de saúde para melhorar o acesso a serviços de saúde de qualidade. No entanto, apenas algumas se centraram na capacitação das mulheres doentes e das comunidades. A criação de uma comunidade informada ajudaria a melhorar o acesso a serviços de saúde de qualidade oferecidos por parteiras do sexo masculino e a melhorar também a satisfação das mulheres pacientes com os serviços disponíveis (17).

Há muitos estudos na literatura que documentam a atitude e as práticas dos médicos do sexo masculino e as diferenças nos cuidados prestados às pacientes do sexo feminino com base no género. Tendo em conta os muitos estudos efectuados sobre os conhecimentos, as atitudes e as práticas dos profissionais de saúde em todo o mundo, são muito poucos os que foram realizados em zonas rurais remotas e, em particular, sobre as parteiras e a sua aceitação por parte das mulheres. Por conseguinte, é necessário analisar estas diferenças de género entre os parteiros e a prestação de serviços de saúde de qualidade às mulheres, a fim de tirar conclusões apropriadas e tomar medidas adequadas para atenuar estas diferenças, de modo a tornar os parteiros mais aceites e a aumentar o acesso aos cuidados (18).

Muitos estudos de investigação centraram as suas conclusões e recomendações na identificação dos factores causais gerais das questões de género e não na abordagem específica das interações dessas questões identificadas. Ao fazê-lo, foram identificados seis elementos constitutivos dos sistemas de saúde. São eles: prestação de serviços; mão de obra no sector da saúde; produtos médicos, infra-estruturas, equipamento e transportes; informação sobre saúde; financiamento dos cuidados de saúde; e liderança e governação. No entanto, muitas mulheres rurais não têm uma literacia em saúde adequada que lhes permita ter acesso à informação disponível, compreendê-la e utilizá-la eficazmente de forma a promover e manter a sua boa saúde. Por conseguinte, este estudo centrar-se-á na promoção da saúde, que é "o processo de permitir que as pessoas aumentem o controlo sobre a sua saúde e a melhorem" e que vai "para além de um enfoque no comportamento individual, para uma vasta gama de intervenções sociais e ambientais. Por conseguinte, engloba a sensibilização para os serviços disponíveis na comunidade em termos de onde, o quê, quem, como e quando, no que diz respeito às leis e regulamentos existentes que regem a sua saúde e os seus direitos. É também imperativo que a criação de procura dos serviços de saúde disponíveis seja reforçada nas nossas comunidades. Uma resposta eficaz no domínio da saúde tem de abordar tanto a oferta como a procura de serviços de saúde. Isto implica abordar os 5A's dos serviços de saúde de qualidade, que são: acessibilidade económica, disponibilidade, acessibilidade, alojamento e aceitabilidade. Por conseguinte, o lado da procura centra-se no aumento da procura e da utilização dos serviços das parteiras masculinas disponíveis por parte das mulheres rurais. Por conseguinte, é a partir deste contexto que um estudo concebido para analisar os factores identificados que estão na base das relações entre a aceitação das parteiras por parte das mulheres e os homens ajudará a melhorar o acesso aos serviços de saúde de qualidade oferecidos e a alterar as políticas dos governos (19).

Embora tenha havido muitos estudos que forneceram mais informações sobre as questões subjacentes à formação das interações entre as mulheres doentes e os profissionais de saúde, ainda há questões mal compreendidas sobre as relações entre as mulheres doentes e a aceitação dos homens parteiros na prestação de cuidados de saúde. A presente proposta de projeto irá reconhecer os factores que influenciam a aceitação das parteiras por parte das mulheres e as suas interações, que serão estudadas numa série de serviços de saúde. Este estudo basear-se-á numa revisão exaustiva da literatura de estudos anteriores sobre género e saúde (20).
Por último, a maior parte dos estudos de investigação centraram-se apenas nos

estereótipos de género por parte das parteiras e foram realizados em zonas urbanas, o que sugere a existência de uma lacuna importante na documentação das experiências nas comunidades rurais remotas, onde a maioria dos prestadores de cuidados de saúde são parteiras do sexo masculino. Além disso, foi relativamente difícil encontrar provas que demonstrassem o impacto do género nas mulheres doentes e nos homens parteiros. Para além de alguns estudos que demonstravam várias opções de tratamento e cuidados diferenciados para pacientes do sexo masculino e feminino, a maioria dos estudos analisados eram apenas descritivos ou de avaliação de intervenções minuciosas. Pior ainda, as questões de género e de saúde são questões transversais, o que tornou a análise da literatura difícil e morosa (21).

Obstáculos ao acesso a parteiras qualificadas em zonas rurais remotas e de difícil acesso

As barreiras ao acesso a parteiras qualificadas em zonas rurais remotas podem ser classificadas como barreiras do tipo procura e oferta. Os factores que dificultam o comportamento de um indivíduo na procura de cuidados de saúde são geralmente considerados como barreiras da procura, tal como a acessibilidade geográfica e financeira dos serviços, o conhecimento dos serviços disponíveis e a melhor forma de os utilizar, bem como as barreiras culturais e sociais. Por outro lado, os factores que influenciam a prestação de serviços de saúde enquadram-se nas barreiras da oferta (22).

No que respeita aos serviços de saúde em zonas rurais remotas, os obstáculos ao acesso estão generalizados em muitos países em desenvolvimento. Estes obstáculos devem-se quer a um comportamento deficiente das mulheres na procura de cuidados de saúde, quer à própria prestação de serviços, quer a ambos. Embora a maioria dos obstáculos, como a ignorância, a pobreza, a desigualdade entre os sexos, a residência rural, os obstáculos geográficos à localização das unidades de saúde e os obstáculos estruturais, bem como os obstáculos em termos de prestação de serviços, sejam comuns a muitos países em desenvolvimento, outros obstáculos relacionados com crenças culturais e religiosas são específicos de determinados países ou regiões e, por conseguinte, variam de um contexto para outro. As mulheres que não estão bem informadas sobre os sinais de perigo na gravidez, por exemplo, ignoram a necessidade de recorrerem aos serviços de saúde materna. Além disso, para muitas mulheres, os serviços de saúde materna não estão disponíveis ou o acesso a parteiras qualificadas tem um custo elevado que elas não podem pagar, uma vez que a maioria não tem seguro de saúde e tem de pagar do seu bolso. Para além disso, outras têm de percorrer longas distâncias a pé até às instalações de cuidados de saúde onde não existe transporte, especialmente em situações de emergência (23).

Barreiras culturais e/ou religiosas podem determinar a aceitabilidade e dificultar a utilização de parteiros do sexo masculino disponíveis nas instalações. Nalgumas partes da Zâmbia, as mulheres precisam de autorização dos maridos ou sogros antes de poderem frequentar uma unidade de saúde gerida por um parteiro masculino. As crenças supersticiosas também podem impedir a utilização de parteiros masculinos qualificados disponíveis. Por exemplo, situações em que o parto difícil é atribuído às mulheres que traíram os seus maridos em algumas comunidades rurais remotas podem criar barreiras à procura de cuidados por parte dessas mulheres, especialmente no meio de uma parteira. Os obstáculos à prestação de serviços nos países em desenvolvimento incluem a fraca disponibilidade de serviços de cuidados de saúde materna, em termos de desigualdade na distribuição rural-urbana, ou de zonas remotas não abrangidas. A própria unidade de saúde pode não dispor de infra-estruturas e logística adequadas, como água, eletricidade e um bloco operatório funcional. Os medicamentos ou o equipamento necessários para prestar serviços de obstetrícia de emergência podem também não estar disponíveis ou a unidade de saúde pode ter falta de pessoal, especialmente em zonas rurais. A qualidade dos serviços prestados na unidade de saúde pode igualmente ser comprometida devido à fraca motivação, à falta de formação contínua e à falta de supervisão das parteiras (24).

Embora um bom número de barreiras ao acesso a parteiras qualificadas prevaleça na Zâmbia, há também boas provas que mostram que algumas barreiras ao acesso a parteiras qualificadas também existem entre as mulheres com baixos rendimentos em zonas rurais remotas. As barreiras identificadas do lado da procura incluem não ter parceiro, baixo nível de educação, gravidezes não planeadas, medo de procedimentos médicos e medo de revelar a gravidez a outras pessoas, possivelmente nos casos em que as gravidezes não são planeadas. Outros são: depressão e a crença de que os cuidados pré-natais são desnecessários. As barreiras estruturais incluem longos tempos de espera, a localização da clínica, a língua e a atitude do pessoal da clínica e do prestador de cuidados de saúde, o custo dos serviços e a falta de parteiras nas instalações rurais (25).

Identificação dos obstáculos ao acesso a parteiras qualificadas em zonas rurais remotas e de difícil acesso do distrito de Mbala, província do Norte da Zâmbia

Em geral, os obstáculos ao acesso das mulheres a parteiras qualificadas em zonas rurais remotas e de difícil acesso ocorrem a diferentes níveis. A nível individual, incluem: falta de conhecimentos, desigualdade de género, fraca autoestima, dependência económica, pobreza e falta de serviços. A nível das comunidades, inclui-se a atitude negativa das mulheres doentes. Ao nível das instituições, incluem: estruturas legislativas, oposição de organizações religiosas, negação de direitos, restrições financeiras e limitações programáticas. Frequentemente, as pacientes do sexo feminino na Zâmbia rural remota carecem de conhecimentos, educação, experiência, rendimentos e poder relativamente às suas congéneres urbanas (26).

As reuniões de revisão da morte materna na Zâmbia mostraram, na maioria das vezes, que a saúde das pacientes do sexo feminino está em perigo a três níveis de atrasos, que são

a)   Atraso no reconhecimento de complicações, na procura de cuidados e na realização de um diagnóstico/decisão a nível comunitário.
b)   Atraso no transporte das mulheres grávidas para as instalações de saúde adequadas.
c)   Atraso no acesso a parteiras qualificadas e a cuidados de boa qualidade nas instalações de saúde.
No primeiro nível de atraso, as pacientes do sexo feminino enfrentam frequentemente estigma pessoal e exclusão social quando sabem que uma unidade de saúde é gerida por uma parteira do sexo masculino. Assim, as mulheres que pretendem recorrer a serviços de saúde específicos podem não se sentir à vontade para o fazer. Por conseguinte, podem procurar cuidados tardiamente ou podem nem sequer procurar os cuidados de saúde necessários. Os serviços de parteiras masculinas disponíveis podem ser tudo o que existe nessa área, criando assim obstáculos aos seus comportamentos de procura de cuidados de saúde. Muitas mulheres doentes são também financeiramente dependentes e, como tal, não podem pagar pelos serviços de saúde. Podem acabar por não utilizar os serviços de saúde disponíveis e contentar-se com serviços mais baratos e de baixa qualidade, aumentando assim o risco de morbilidade e mortalidade materna (27).

Além disso, é de esperar que as mulheres casadas tenham melhor acesso aos cuidados de saúde materna do que as solteiras, mas na maioria dos casos não é isso que acontece. Elas encontram-se frequentemente numa situação difícil, pois não podem aceder aos serviços que lhes são destinados por serem casadas e, ao mesmo tempo, podem não se sentir à vontade para aceder aos serviços que lhes são destinados devido ao facto de as unidades de saúde serem geridas por parteiras do sexo masculino. Além disso, muitas mulheres casadas na Zâmbia não podem tomar decisões sobre a sua própria saúde e estão sob pressão familiar, na maioria dos casos, das sogras ou dos maridos, no que diz respeito à utilização ou não utilização de unidades de saúde que só têm parteiras do sexo masculino (28).

A falta de conhecimentos e os baixos níveis de educação das mães podem levar a que não procurem os serviços de saúde ou acabem por adiar completamente a procura de cuidados de saúde. A ignorância pode traduzir-se numa má perceção das parteiras disponíveis e a falta de conhecimento dos serviços de saúde disponíveis por parte dos homens parteiros também resultará na não utilização desses serviços (29).

As barreiras que operam no segundo nível de atraso entre os doentes do sexo feminino podem resultar da sua falta de preparação para os serviços de transporte, devido à longa distância até à unidade de saúde mais próxima e à falta de fundos para o transporte. Além disso, as doentes do sexo feminino podem não estar em condições de se deslocar às unidades de saúde desacompanhadas. As solteiras também podem não se sentir à vontade para ir a uma unidade de saúde por receio das parteiras masculinas (30).

Resumindo, no terceiro nível de atraso, as mulheres pacientes podem não obter os serviços disponíveis prontamente como resultado da falta de parteiras treinadas, equipamentos ou suprimentos. Quando as parteiras estão disponíveis, podem não ter as competências necessárias para prestar os serviços ou podem ser, de facto, as parteiras masculinas ou podem não estar dispostas a prestar estes serviços ou podem ser julgadoras na sua abordagem (31).

A situação dos profissionais de saúde nas zonas rurais remotas e de difícil acesso de Mbala, Zâmbia

O distrito de Mbala, onde esta investigação será efectuada quando esta proposta de investigação for aprovada, encontra-se entre os 11 distritos da Província do Norte da Zâmbia. É um dos distritos rurais remotos que se situa a cerca de 167 km de Kasama (a capital da província) por uma estrada razoável. O distrito cobre cerca de 4.000 quilómetros quadrados no total e tem uma população total de 134.186 pessoas (32).

A nível mundial, as questões que afectam a aceitação das parteiras por parte das mulheres estão a ser significativamente reconhecidas como grandes preocupações de saúde pública e são, de facto, uma indicação da forma como a gestão dos serviços de saúde num país está a ser organizada. Na Zâmbia, tal como em todo o mundo, as Reformas do Setor da Saúde e a reestruturação em curso do Ministério da Saúde são, entre outros esforços globais, utilizados para abordar estas questões de saúde, todas elas com o objetivo de melhorar a equidade e o acesso a serviços de saúde de qualidade aceitável, especialmente ao nível da saúde primária (33).

A Zâmbia, tal como muitos outros países subdesenvolvidos, regista uma escassez de profissionais de saúde, especialmente nas unidades de saúde das zonas rurais remotas, uma vez que os problemas de saúde pública constituem uma grande preocupação. Na Zâmbia, algumas mulheres ainda dão à luz em casa, sem a assistência de parteiras formadas, uma vez que a unidade de saúde mais próxima pode ser ocupada apenas por parteiras do sexo masculino (34).

Geralmente, o distrito de Mbala é de difícil acesso e quase todas as suas unidades sanitárias são de difícil acesso, dependendo do ponto de partida da viagem. Por conseguinte, estas áreas não são normalmente visitadas pelo pessoal dos Gabinetes Médicos Distritais devido a algumas das seguintes razões: falta de privacidade quando se responde a um apelo da natureza nas águas do Lago Tanganika, fracas opções de comunicação em caso de avaria, acidente ou doença, exposição a crocodilos, hipopótamos e cobras, longa exposição à luz solar direta, frio ou chuva e o estado deplorável das estradas que acelera o desgaste dos veículos para a maioria das unidades de saúde (35).

As infra-estruturas rodoviárias no distrito também são muito más, sendo que a maioria delas não é adequada para a passagem de veículos motorizados. O estado das estradas piora ainda mais nas estações chuvosas, que deixam para trás muitos buracos. A deslocação no lago depende dos padrões climáticos. A visibilidade é muito fraca quando está a chover e durante a queima dos acampamentos de peixes nas estações de novembro-dezembro (36).

No sentido mais lato, o distrito oferece serviços de promoção da saúde e de cuidados de saúde preventivos e curativos. Existe apenas um hospital geral. A maior parte das emergências no distrito resultam de casos de maternidade/obstetrícia. No entanto, a maioria dos serviços modernos não existe neste hospital. Por exemplo, os programas de saúde materna, como a eliminação da transmissão do VIH de mãe para filho (eMTCT), têm sido um desafio na maioria das zonas rurais remotas. Apesar de a Zâmbia partilhar o objetivo da comunidade internacional de alcançar a eMTCT, com o ambicioso objetivo de reduzir a taxa de transmissão de mãe para filho (MTCT) para menos de um por cento até 2021. Foram feitos investimentos consideráveis na expansão dos serviços de prevenção da transmissão vertical (PTV) em todo o país, mas ainda há muito a fazer. Os desafios a este programa incluem, entre outros, o número limitado de profissionais de saúde nas zonas rurais remotas, agravado pela distribuição culturalmente inadequada de parteiras do sexo masculino nessas zonas. Isto apesar da declaração de missão do Ministério da Saúde "proporcionar aos zambianos um acesso equitativo a cuidados de saúde de qualidade e a preços acessíveis, o mais próximo possível da família, num ambiente limpo, competente e atencioso" (37).

Os objectivos específicos em matéria de saúde na Zâmbia incluem

1. Alcançar a igualdade de oportunidades no domínio da saúde

2. Garantir a qualidade dos serviços de saúde

3. Incentivar um estilo de vida saudável

4. Criar ambientes que aumentem o acesso aos serviços de saúde

5. Em última análise, aumentar a esperança de vida de todos os zambianos

O sistema de saúde da Zâmbia em zonas rurais remotas e de difícil acesso

Em qualquer centro de saúde rural remoto e de difícil acesso na Zâmbia encontra-se um cartaz no departamento de maternidade onde se lê:

"As mulheres grávidas devem fazer o seguinte para ter um parto seguro:

o Dirija-se ao posto de saúde logo que saiba que está grávida para a primeira consulta pré-natal
o Fazer uma dieta equilibrada antes e durante a gravidez (como recomendado pelo profissional de saúde) o Tomar 3 doses de medicamento preventivo da malária na clínica, como recomendado pelo profissional de saúde
o Dormir sempre sob uma rede mosquiteira tratada com inseticida
o Dar à luz na clínica com a assistência de um profissional de saúde qualificado
o Ir para os cuidados pós-natais 6 dias e 6 semanas após o parto".

Para fazer face a estes problemas, a Zâmbia está empenhada num investimento contínuo no sector da saúde, no âmbito dos seus esforços para melhorar o acesso a serviços de saúde de qualidade por parte de todos os seus cidadãos, incluindo os das zonas rurais remotas. O sector da saúde continuou a registar progressos significativos na maioria das áreas-chave da prestação de serviços de saúde. As comunidades foram envolvidas no reforço dos sistemas comunitários, uma vez que dispõem de um enorme potencial em termos de criação de procura, de defesa de melhores serviços e de apoio a uma maior literacia em matéria de saúde, de prestação de cuidados de saúde culturalmente adequados, bem como de contestação de práticas negativas, como os partos em casa por mulheres grávidas nas comunidades. Vários agentes comunitários de saúde e organizações de base comunitária foram formados e motivados para promover e prestar serviços de saúde sexual e reprodutiva a nível comunitário. Neste sentido, os serviços de saúde na Zâmbia são prestados por quatro actores principais, nomeadamente o Governo, os fornecedores religiosos (sem fins lucrativos), as minas e os fornecedores privados (com fins lucrativos). O sector público é o maior prestador de cuidados de saúde; 90% dos pacientes procuram cuidados em instalações pertencentes e geridas pelo Governo. O nível nacional é responsável pela coordenação e gestão globais, pela formulação de políticas, pelo planeamento estratégico e pela mobilização de recursos. Além disso, a Zâmbia dispõe de um sistema de cuidados de saúde primários e de um serviço curativo e de reabilitação que utiliza três níveis do Ministério da Saúde, a saber: os serviços de saúde distritais, os serviços de saúde provinciais e a sede central (37). Além disso, existem instalações de saúde privadas no país, bem como clínicas e hospitais público-privados, sem esquecer os centros de saúde comunitários e os organismos estatutários, como os Serviços de Médicos Voadores da Zâmbia. A coordenação destas estruturas é de natureza multi-setorial e conta com a representação do governo, das organizações da sociedade civil, dos parceiros de desenvolvimento e do sector privado. Isto dita a necessidade de formar parcerias e alianças estratégicas com as partes interessadas, incluindo as organizações da sociedade civil, o sector privado, os parceiros de desenvolvimento, as autoridades locais e as comunidades. É através de uma melhor coordenação e monitorização que a qualidade e a abrangência dos serviços, a responsabilidade, a harmonização e o alinhamento podem ser alcançados. No entanto, existe uma grande variação entre a distribuição de parteiras qualificadas no país, com uma tendência para as zonas urbanas. Por conseguinte, as zonas rurais remotas e de difícil acesso da Zâmbia carecem de parteiras, criando assim enormes encargos para os serviços de saúde, que são mais elevados nas zonas rurais do que nas zonas urbanas, que beneficiam da abundância de escolas de formação e universidades bem equipadas com uma variedade de membros do pessoal (38).

Os principais constrangimentos e desafios enfrentados por Mbala e pela Zâmbia no seu conjunto incluem: os elevados níveis de pobreza, particularmente nas zonas rurais; os elevados níveis de desemprego, especialmente para as mulheres rurais; as fracas redes de segurança social; o elevado peso das doenças; os desafios em termos de infra-estruturas; e as barreiras geográficas e sociais. É de notar que todos estes condicionalismos e desafios têm implicações significativas na prestação de serviços de saúde a todos os níveis de cuidados. Isto porque a prestação de serviços de saúde aceitáveis numa dada população exige que os líderes de opinião, outros guardiões e prestadores de serviços reconheçam urgentemente as implicações do facto de as comunidades rurais serem servidas por parteiras predominantemente do sexo masculino. É vital, portanto, desenvolver uma compreensão clara da dinâmica dos cuidados de saúde nessas comunidades e desenvolver respostas efectivas, e implementá-las, nessa base. No entanto, o acesso e a qualidade dos serviços de saúde oferecidos nas zonas rurais remotas deixam muito a desejar, tendo em conta a falta de parteiras qualificadas nessas zonas (38).

Os distritos da Zâmbia são responsáveis pela implementação de serviços de promoção da saúde, preventivos, curativos e de reabilitação. Administrativamente, o gabinete distrital de saúde é responsável pela coordenação da prestação de serviços a esse nível. Cada distrito tem um hospital distrital que presta serviços de referência de primeiro nível. E abaixo do distrito existem centros de saúde, que prestam actividades estáticas e de proximidade. O pessoal destes centros é composto por um responsável clínico, uma parteira, uma enfermeira e um responsável pelo ambiente. As principais actividades ao nível dos centros de saúde são predominantemente a promoção da saúde e a prevenção de doenças; também são prestados alguns serviços curativos limitados, sendo os casos complicados encaminhados para os hospitais distritais de 1º nível. Cada centro de saúde é responsável pela gestão dos principais programas de saúde, que incluem a saúde materna, neonatal e infantil, as doenças transmissíveis e não transmissíveis, o ambiente, a água e o saneamento, a saúde e a nutrição escolares e a preparação para epidemias (38). Ultimamente, o sistema de saúde da Zâmbia tem sido descentralizado para os níveis distrital e hospitalar. O Gabinete Médico Provincial, os Hospitais de 2º e 3º níveis e os Hospitais Centrais, os Gabinetes de Saúde Distritais e as Escolas de Formação recebem fundos diretamente do Ministério das Finanças. O governo da Zâmbia, na sua nova constituição, acrescentou a descentralização como uma das formas de desenvolver os níveis locais. A descentralização por desconcentração consiste em atribuir às autoridades governamentais locais (LGA) a responsabilidade pela prestação de serviços públicos nos domínios da saúde local, do ensino primário, do abastecimento de água, da manutenção das estradas locais e outros

(39).

No entanto, o Ministério manteve funções como a formulação e orientação de políticas, a monitorização e avaliação e a coordenação dos doadores. A nível distrital, o Ministério da Saúde continua a fornecer orientação técnica sobre a qualidade dos cuidados, planeamento, gestão das instalações de saúde, boa governação, recursos humanos e utilização racional de medicamentos. O nível central também continuou a desempenhar o papel de fornecer normas para a construção e renovação das infra-estruturas de saúde e para a formação em serviço dos profissionais de saúde. Os distritos são responsáveis pela supervisão administrativa das unidades de saúde e pela compilação de dados, que são partilhados com o Ministério da Saúde. Apesar de todas estas mudanças, a fraca ou não utilização de serviços de saúde de qualidade resulta do fraco ou da falta de acesso a estes serviços. No entanto, o acesso pode ser melhorado através da identificação e da eliminação dos obstáculos ao acesso. Os obstáculos ao acesso aos cuidados de saúde materna entre as mulheres pacientes na Zâmbia e o grau em que desempenham um papel no impedimento do acesso aos cuidados são semelhantes aos observados noutros países em desenvolvimento. Além disso, também parece apontar para o facto de que, entre várias outras barreiras ao acesso a serviços de saúde de qualidade entre as mulheres doentes no país, tal como em muitos outros países em desenvolvimento, podem estar questões de distribuição injusta das parteiras nas unidades de saúde (39).

Conclusão

O Governo da República da Zâmbia reagiu à falta de acesso a serviços de saúde de qualidade nas zonas rurais remotas e de difícil acesso da Zâmbia. A Zâmbia tem uma série de intervenções, incluindo projectos e programas relacionados com os cuidados de saúde primários que apoiam as parteiras. De facto, estão a ser criados cada vez mais Centros de Saúde Rurais e Postos de Saúde em todo o país e está a ser resolvido o problema do acesso deficiente a serviços de saúde de qualidade nas zonas remotas por parteiras formadas (40). Em colaboração com os parceiros de cooperação, o Governo também continuou a melhorar o acesso a serviços de saúde de qualidade através de outras intervenções, como os assistentes de saúde comunitários e a formação contínua das parteiras. O Ministério da Saúde tem vindo a implementar reformas com o objetivo de alcançar a eficiência na prestação de serviços de saúde e a eficácia em termos de resposta às necessidades da população. Para o efeito, foi elaborado o sexto Plano Estratégico Nacional de Saúde (PEN) 2017-2021, que se centra nos cuidados de saúde primários e no reforço do sistema de referenciação para avançar para uma cobertura universal de saúde. O objetivo é reduzir o rácio de mortalidade materna de 398 por 100 000 nados-vivos para menos de 100 e a mortalidade infantil de menores de cinco anos de 75 para menos de 35 por 1000 nados-vivos. Mas, apesar de todas estas intervenções, o país registou apenas progressos lentos na redução significativa da mortalidade materna nestas zonas rurais remotas (41). O governo da Zâmbia precisa, portanto, de eliminar todas as barreiras que impedem o acesso aos serviços oferecidos pelas parteiras masculinas que já existem em todo o país. O acesso a cuidados de saúde de qualidade também terá de ser melhorado. Além disso, será necessário envidar esforços para melhorar a distribuição das instalações de saúde a todos os níveis e para reforçar a capacidade do pessoal de saúde e o fornecimento de medicamentos essenciais e de material médico. A tónica deverá ser colocada na criação de um sistema de saúde que garanta um acesso equitativo aos produtos médicos essenciais, às vacinas e às tecnologias de qualidade, segurança, eficácia e rentabilidade garantidas. Será igualmente necessário investir na criação de uma mão de obra no sector da saúde com um bom desempenho, distribuída de forma equitativa, competente, reactiva e produtiva. Será necessário dar prioridade ao investimento em zonas que carecem de infra-estruturas de saúde. Dado que a redução da mortalidade materna é um objetivo fundamental do sector da saúde, será necessário prestar mais atenção ao aumento da proporção de partos assistidos por pessoal qualificado e, nos casos em que ocorram complicações na gravidez, será necessário melhorar o acesso aos serviços de cuidados obstétricos de emergência. Doravante, os resultados deste estudo ajudarão os decisores e os vários intervenientes a desenvolver intervenções baseadas em dados concretos para influenciar positivamente e pôr fim aos obstáculos aos serviços de saúde de qualidade oferecidos pelas parteiras nas zonas remotas (42).

PARTE 2: RESUMO DA PROPOSTA DE INVESTIGAÇÃO
Meta e objectivos

Objetivo do estudo

Melhorar o acesso a serviços de saúde de qualidade prestados por parteiras em zonas rurais remotas e de difícil acesso do distrito de Mbala.

Objectivos específicos do estudo
1. Descobrir como é que as pacientes do sexo feminino no distrito de Mbala estão a utilizar os serviços de saúde de qualidade oferecidos pelas parteiras.
2. Identificar as barreiras que limitam o acesso a serviços de saúde de qualidade prestados por parteiras do sexo masculino no distrito de Mbala, província do Norte da Zâmbia.

Questão geral de investigação

Qual é a associação entre a aceitação de parteiras do sexo feminino e o acesso a serviços de saúde de qualidade no distrito de Mbala, província do Norte da Zâmbia?

Questões específicas de investigação

1. Como é que as pacientes do sexo feminino estão a utilizar os serviços de saúde materna oferecidos pelas parteiras do sexo masculino no distrito de Mbala?
2. Quais são os factores que afectam a utilização de serviços de saúde de qualidade entre as pacientes do sexo feminino no distrito de Mbala?

Hipótese

Hipótese nula: Não existe qualquer relação entre a aceitação de parteiras do sexo feminino e o aumento do acesso a serviços de saúde de qualidade no distrito de Mbala, província do Norte da Zâmbia.

Hipótese alternativa: Existe uma relação entre a aceitação de parteiras masculinas por parte das pacientes do sexo feminino e o aumento do acesso a serviços de saúde de qualidade no distrito de Mbala, província do Norte da Zâmbia.

METODOLOGIA DE INVESTIGAÇÃO

Ferramentas de recolha de dados

A Comunicação de Mudança Social e de Comportamento procura promover comportamentos positivos e sustentados de procura de saúde usando uma variedade de métodos, tais como conversas individuais; discussões de grupo; diálogos comunitários; aconselhamento individual e de grupo; advocacia; teatro; e meios de comunicação de massas, tais como rádio, televisão e materiais impressos. Neste estudo, será utilizado um inquérito transversal a 100 mulheres internadas e ambulatórias do Departamento de Saúde Materno-Infantil com idades compreendidas entre os 18 e os 49 anos do Hospital Geral de Mbala de 1st de maio de 2017 a 30th de agosto de 2017. Os dados serão recolhidos através de entrevistas e Discussões de Grupos Focados-FGD. Por fim, a análise dos dados será efectuada através do programa SPSS.

Área de estudo

(a)   Informações de base

O Distrito de Mbala tem uma superfície de cerca de 10.832 Km^2 representando 7,3% da superfície total de 148.000 km^2 da Província do Norte. Tem um número total de trinta (34) unidades sanitárias que prestam serviços de saúde, das quais dezoito (18) são Centros de Saúde Rurais e treze (13) são Postos de Saúde. No entanto, o distrito não tem um hospital distrital e, por conseguinte, outros serviços especializados, incluindo os laboratoriais, são prestados pelo Hospital Geral de Mbala.

(b)   Informações demográficas

De acordo com o censo de 2010, o distrito de Mbala tem uma população extrapolada (taxa de crescimento anual de 3,6) de 138.322 pessoas para 2018. A população do Distrito de Mbala tende a aumentar durante as épocas de pesca ativa no distrito vizinho de Mpulungu; sendo um ponto de trânsito e épocas de comercialização de colheitas, quando o distrito recebe muitos comerciantes de muitas partes do país e dos países vizinhos.

Mapa de Mbala com a distribuição dos centros de saúde [Áreas de Estudo]

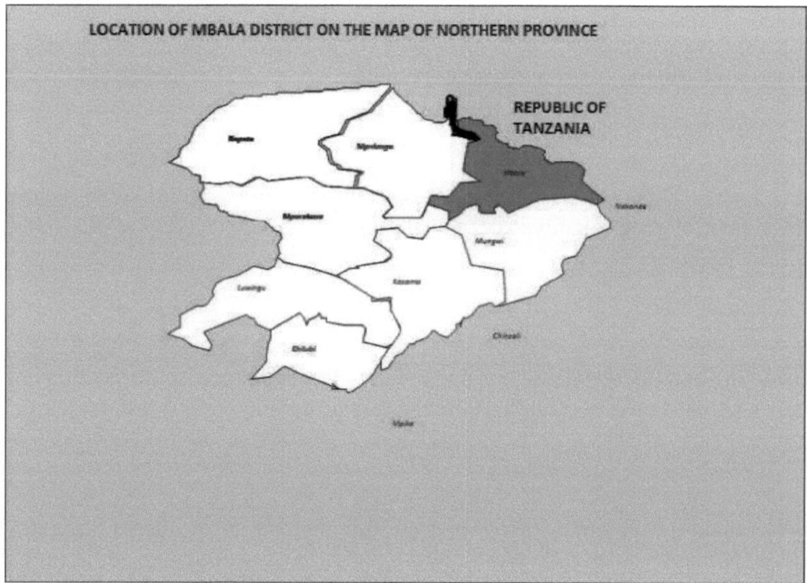

População e participantes no estudo

A população do estudo será constituída por todas as pacientes do sexo feminino em idade reprodutiva, entre os 18 e os 49 anos, que frequentem o hospital geral de Mbala durante o período do estudo.

Critérios de inclusão

Todos os pacientes do sexo feminino no grupo etário 18-49 anos que frequentam o hospital geral de Mbala.

Critérios de exclusão

Pacientes do sexo feminino que não se enquadram nos critérios de inclusão, ou que se enquadram nos critérios mas não consentem em participar no estudo e pacientes muito doentes.

Tamanho da amostra

Serão utilizados programas estatísticos informáticos para calcular a dimensão da amostra nas comunidades selecionadas; enquanto as amostras finais serão selecionadas utilizando o método de Amostragem Aleatória Simples dos centros de saúde e Postos de Saúde geridos por parteiras masculinas em áreas rurais remotas.

Amostra do estudo

100 pacientes do sexo feminino, incluindo pacientes internados e pacientes externos no hospital geral de Mbala, com idades compreendidas entre os 18 e os 49 anos.

Análise e interpretação dos dados

As respostas serão codificadas para facilitar a sua introdução. Os dados serão depois introduzidos numa folha de cálculo Excel e analisados utilizando o software Statistical Package for Social Sciences.

Garantia de qualidade

Será efectuado um acompanhamento constante durante todo o processo do estudo para garantir que as várias etapas do estudo são realizadas de acordo com os protocolos.

Resultados esperados do estudo

A partir deste estudo, esperamos saber se, e em que medida, as mulheres pacientes estão a aceder aos serviços de saúde prestados por parteiras masculinas em zonas rurais remotas da Zâmbia. Também devemos conhecer os vários factores que impedem algumas mulheres pacientes de aceder a serviços de saúde de qualidade. Espera-se que as informações obtidas a partir do resultado deste estudo ajudem a reavivar a consciência pública sobre a necessidade de combater os factores que impedem o acesso a serviços de saúde de qualidade oferecidos por parteiras qualificadas em zonas rurais remotas da Zâmbia. Espera-se também que influencie os decisores políticos a fazerem as intervenções necessárias para melhorar a acessibilidade dos serviços de saúde, fornecendo soluções eficazes para as barreiras identificadas.

Divulgação dos resultados

Os resultados deste estudo serão divulgados às autoridades competentes para ajudar a desenvolver intervenções baseadas em dados concretos para aumentar o acesso a serviços de saúde de qualidade prestados por parteiras em zonas rurais remotas e de difícil acesso da Zâmbia em geral.

Duração do projeto/calendário

A duração prevista do projeto é de doze semanas (3 meses).

Aumentar o acesso a parteiras qualificadas em zonas rurais remotas e de difícil acesso do distrito de Mbala, província do Norte da Zâmbia												
Atividade	Semana											
	1	2	3	4	5	6	7	8	9	10	11	12
Seleção da população da amostra e dimensão da amostra	X	X	X										
Recrutamento e formação de agentes no terreno			X	X									
Pré-teste das perguntas da entrevista					X	X							
Trabalho de campo: inquérito, recolha de dados de entrevistas e debates em grupos de discussão						X	X	X	X				
Entrada e tratamento de dados						XX	X	X	X	X	X		
Análise de dados								X	X	X	X		
Redação de relatórios										X	X		
Divulgação dos resultados finais do projeto													X

Problemas previstos

Alguns participantes elegíveis no inquérito podem ter menos de 18 anos e, como tal, não serão considerados, mesmo que sejam mulheres. Algumas das pessoas afectadas por parteiras do sexo masculino podem não estar disponíveis no momento do inquérito e, por isso, não serão consideradas. Isto pode criar algumas dificuldades na generalização dos resultados obtidos no inquérito, uma vez que a dimensão da amostra pode não ser significativa ou representativa de uma sociedade mais alargada.

Limitações deste estudo

Este estudo será realizado no Hospital Geral de Mbala com a contribuição de apenas 10 estabelecimentos de saúde, captando assim apenas os pontos de vista das mulheres pacientes que poderão efetivamente deslocar-se a estes estabelecimentos. Por conseguinte, será limitado na medida em que não será possível obter as muitas outras opiniões de pacientes do sexo feminino que não terão acesso aos serviços de saúde das unidades de saúde escolhidas e que poderiam ter ajudado a dar opiniões diferentes sobre a razão pela qual preferiam ou não ser atendidas por parteiras do sexo masculino. Também seria necessário mais tempo para ir a todas as comunidades para obter mais dados das mulheres pacientes, mas será limitado devido à dificuldade de localização geográfica do distrito de Mbala, devido à falta de transportes, o que restringe o estudo a uma área pequena. Além disso, a investigação é limitada na medida em que as pessoas com deficiências mentais ou intelectuais que não conseguiriam ler os panfletos serão deixadas de fora e, se participassem, poderiam alterar a aplicabilidade dos resultados da investigação. Por último, as opiniões dos parteiros não serão consideradas aqui para ajudar a analisar as preocupações que serão obtidas dos participantes. Além disso, será difícil generalizar os resultados deste estudo devido à singularidade do distrito de Mbala como um distrito com muitas restrições geográficas únicas e fronteiras internacionais.

Estudo de investigação Gestão

Será efectuado um acompanhamento de rotina durante toda a duração do estudo de investigação para garantir que o protocolo e o calendário são rigorosamente cumpridos.

Considerações éticas

1. A aprovação para a realização do estudo será obtida junto do Comité de Ética para a Investigação da Zâmbia.
2. Utilizando o formulário de consentimento informado que estará disponível em inglês e na língua local conhecida em Mbala, os consentimentos livres e informados serão devidamente obtidos de todos os participantes.
3. Os participantes serão informados da confidencialidade das informações por eles fornecidas.
4. As respostas serão codificadas, pelo que os inquiridos permanecerão anónimos para garantir a confidencialidade.
5. Durante o estudo, serão tomadas medidas para facilitar o acesso a parteiras masculinas qualificadas, quando necessário.

Quadro concetual

<u>**Diagrama 1:**</u>

Quadro concetual para aumentar o acesso a parteiras qualificadas em zonas rurais remotas e de difícil acesso do distrito de Mbala, província do Norte da Zâmbia

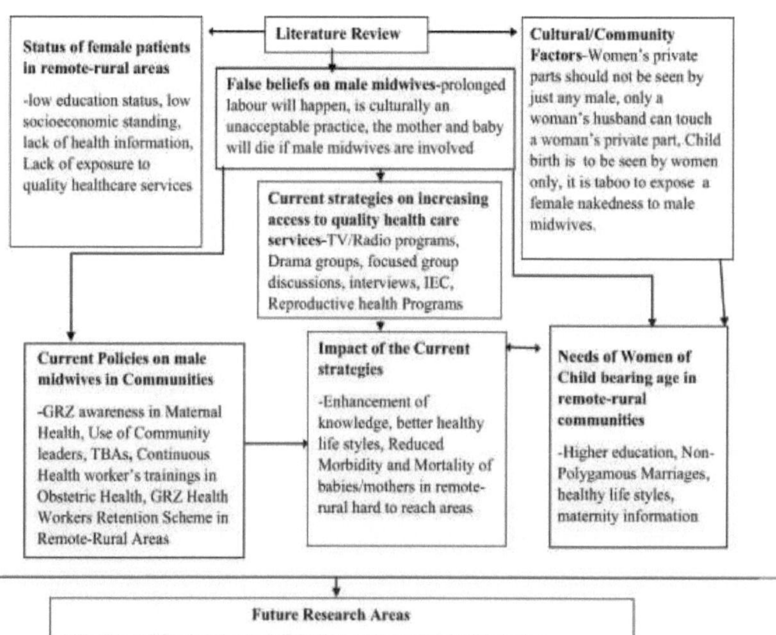

Referências

1. Aday LA, Quill BE, Reyes-Gibby CC. Equity in Rural Health and Health Care (Equidade na saúde rural e nos cuidados de saúde). Handb Rural Heal [Internet]. 2001 [citado 2017 Jan 4];45-72. Available from: http://link.springer.com/10.1007/978-1-4757-3310-5_4

2. Alemayehu S, S.Karippai R. Knowledge, Attitiude and Practice of Modern Maternal Health Care Services Among Rural Women (Conhecimentos, atitudes e práticas dos serviços modernos de cuidados de saúde materna entre as mulheres rurais): The Case of Dire Dawa Administration. 2011;

3. Akaligaung JA. Melhorar a qualidade da prestação de serviços de saúde materno-infantil em contextos de escassez de recursos: estudo de caso do projeto fives alive! no Gana. 2016;

4. Xego SW. Experiência de trabalho dos enfermeiros profissionais num hospital rural na província do Cabo Oriental. 2006;

5. Gow J, George G, Mwamba S, Ingombe L, Mutinta G. Health Worker Satisfaction and Motivation: An Empirical Study of Incomes, Allowances and Working Conditions in Zambia [Um estudo empírico sobre rendimentos, subsídios e condições de trabalho na Zâmbia]. Int J Bus Manag [Internet]. 2012 May 15 [cited 2017 Jan 4];7(10). Disponível em: http://www.ccsenet.org/journal/index.php/ijbm/article/view/14490

6. Kayombo AJ, Joseph A. Role of quality obstetric care services on reducing maternal mortality in Mvomero district, Morogoro region Tanzania (Papel dos serviços de cuidados obstétricos de qualidade na redução da mortalidade materna no distrito de Mvomero, região de Morogoro, Tanzânia). 2011;

7. Murray SF, Pearson SC. Maternity referral systems in developing countries: Current knowledge and future research needs. Soc Sci Med. 2006;62(9):2205-15.

8. Koblinsky MA. Reduzir a mortalidade materna: aprender com a Bolívia, China, Egito, Honduras, Indonésia, Jamaica e Zimbabué. Banco Mundial; 2003. 132 p.

9. Koblinsky MA, editor. Reducing Maternal Mortality [Internet]. Banco Mundial; 2003 [citado em 4 de janeiro de 2017]. (Saúde, Nutrição e População). Disponível em: http://elibrary.worldbank.org/doi/book/10.1596/0-8213-5392-6

10. Wodon Q. Chegar aos pobres e vulneráveis. In: The Economics of Faith-Based Service Delivery [Internet]. New York: Palgrave Macmillan US;2015 [citado 2017Jan4].p. 11547. Available from: http://link.springer.com/10.1057/9781137348463_6

11. Kwambai TK, Dellicour S, Desai M, Ameh CA, Person B, Achieng F, et al. Perspectivas dos homens sobre a utilização dos serviços de cuidados pré-natais e de parto na zona rural ocidental do Quénia: um estudo qualitativo. BMC Pregnancy Childbirth [Internet]. 2013 Dec 21 [citado 2017 Jan 4];13(1):134. Disponível em:

http://bmcpregnancychildbirth.biomedcentral.com/articles/10.1186/1471-2393-13-134

12.	Thutse RJ. A perceção dos enfermeiros profissionais sobre o trabalho em clínicas rurais remotas na província do Limpopo. 2009;

13.	Araujo EC, Evans TG, Maeda A. Using economic analysis in health workforce policymaking. Oxford Rev Econ Policy [Internet]. 2016 Feb 15 [citado 2017 Jan 4];32(1):41-63.

Disponível em: https://academic.oup.com/oxrep/article-lookup/doi/10.1093/oxrep/grw001

14.	Roots RK, Li LC. Recrutamento e retenção de terapeutas ocupacionais e fisioterapeutas em regiões rurais: uma meta-síntese. BMC Health Serv Res [Internet]. 2013 Dec 12 [citado 2017 Jan 4];13(1):59. Disponível em: http://bmchealthservres.biomedcentral.com/articles/10.1186/1472-6963-13-59

15.	Scott A, Witt J, Humphreys J, Joyce C, Kalb G, Jeon S-H, et al. Getting doctors into the bush: General Practitioners' preferences for rural location. Soc Sci Med [Internet]. 2013 Nov [cited 2017 Jan 4];96:33-44. Disponível em: http://linkinghub.elsevier.com/retrieve/pii/S0277953613003882

16.	Ageyi-Baffour P, Rominski S, Nakua E, Gyakobo M, Lori JR. Factors that influence midwifery students in Ghana when deciding where to practice: a discrete choice experiment. BMC Med Educ [Internet]. 2013 Dec 4 [citado 2017 Jan 4];13(1):64. Disponível em: http://bmcmededuc.biomedcentral.com/articles/10.1186/1472-6920-13-64

17.	Gardiner M, Kearns H, Tiggemann M. Effectiveness of cognitive behavioural coaching in improving the well-being and retention of rural general practitioners. Aust J Rural Health [Internet]. 2013 Jun [cited 2017 Jan 4];21(3):183-9. Disponível em: http://doi.wiley.com/10.1111/ajr.12033

18.	Rockers PC, Barnighausen T. Intervenções para a contratação, retenção e formação de gestores de sistemas de saúde distritais em países de baixo e médio rendimento. Em: Rockers PC, editor. Cochrane Database of Systematic Reviews [Internet]. Chichester, Reino Unido: John Wiley & Sons, Ltd; 2013 [citado em 4 de janeiro de 2017]. Available from: http://doi.wiley.com/10.1002/14651858.CD009035.pub2

19.	Zhang S, Dorn B. A Community-Based Participatory Research Model and Web Application for Studying Health Professional Shortage Areas in the United States [Um modelo de investigação participativa com base na comunidade e uma aplicação Web para estudar as áreas de escassez de profissionais de saúde nos Estados Unidos]. Int J Healthc Inf Syst Informatics [Internet]. 2013 [citado 2017 Jan 4];8(3):23-37. Disponível em: http://services.igi-global.com/resolvedoi/resolve.aspx?doi=10.4018/jhisi.2013070102

20.   Lagarde M, Blaauw D. Pro-social preferences and self-selection into jobs: Evidence from South African nurses. J Econ Behav Organ [Internet]. 2014 Nov [cited 2017 Jan 4];107:136-52. Disponível em: http://linkinghub.elsevier.com/retrieve/pii/S0167268114002340

21.   M. Lee D, Nichols T. Physician recruitment and retention in rural and underserved areas (Recrutamento e retenção de médicos em zonas rurais e mal servidas). Int J Health Care Qual Assur [Internet]. 2014 Aug 5 [citado 2017 Jan 4];27(7):642-52. Disponível em: http://www.emeraldinsight.com/doi/10.1108/IJHCQA-04-2014-0042

22.   Rutebemberwa E, Kinengyere AA, Ssengooba F, Pariyo GW, Kiwanuka SN. Intervenções financeiras e restrições de movimento para gerir o movimento de trabalhadores da saúde entre organizações públicas e privadas em países de baixo e médio rendimento. In: Rutebemberwa E, editor. Cochrane Database of Systematic Reviews [Internet]. Chichester, Reino Unido: John Wiley & Sons, Ltd; 2014 [citado em 4 de janeiro de 2017]. Available from: http://doi.wiley.com/10.1002/14651858.CD009845.pub2

23.   McNeil K, Mitchell R, Parker V. The paradoxical effects of workforce shortages on rural interprofessional practice (Os efeitos paradoxais da escassez de mão de obra na prática interprofissional rural). Scand J Caring Sci [Internet]. 2015 Mar [citado 2017 Jan 4];29(1):73-82. Disponível em: http://doi.wiley.com/10.1111/scs.12129

24.   Bragard I, Fleet R, Etienne A-M, Archambault P, Légaré F, Chauny J-M, et al. Quality of work life of rural emergency department nurses and physicians: a pilot study. BMC Res Notes [Internet]. 2015 Dec 1 [citado 2017 Jan 4];8(1):116. Disponível em: http://www.biomedcentral.com/1756-0500/8/116

25.   Honda A, Vio F. Incentivos para os profissionais de saúde não médicos trabalharem nas zonas rurais e remotas de Moçambique - uma experiência de escolha discreta para obter preferências profissionais. Hum Resour Health [Internet]. 2015 Dec 26 [cited 2017 Jan 4];13(1):23. Disponível em: http://human-resources-health.biomedcentral.com/articles/10.1186/s12960-015-0015-5

26.   Rawal LB, Joarder T, Islam SMS, Uddin A, Ahmed SM. Developing effective policy strategies to retain health workers in rural Bangladesh: a policy analysis [Desenvolver estratégias políticas eficazes para manter os profissionais de saúde nas zonas rurais do Bangladesh: uma análise política]. Hum Resour Health [Internet]. 2015 Dec 20 [citado 2017 Jan 4];13(1):36. Disponível em: http://human- resources-health.biomedcentral.com/articles/10.1186/s12960-015-0030-6

27.   Darkwa EK, Newman MS, Kawkab M, Chowdhury ME. A qualitative study of factors influencing retention of doctors and nurses at rural healthcare facilities in Bangladesh [Um estudo qualitativo dos factores que influenciam a retenção de médicos e enfermeiros em unidades de saúde rurais no Bangladesh]. BMC Health Serv Res [Internet]. 2015 Dec 27 [citado 2017 Jan 4];15(1):344. Disponível em:

http://bmchealthservres.biomedcentral.com/articles/10.1186/s12913-015-1012-z

28.   Weigel PAM, Ullrich F, Shane DM, Mueller KJ. Variation in Primary Care Service Patterns by Rural-Urban Location [Variação nos Padrões de Serviços de Cuidados Primários por Localização Rural-Urbana]. J Rural Heal [Internet]. 2016 Mar [citado 2017 Jan 4];32(2):196-203. Disponível em: http://doi.wiley.com/10.1111/jrh.12146

29.   Amalba A, van Mook WNKA, Mogre V, Scherpbier AJJA. The effect of Community Based Education and Service (COBES) on medical graduates' choice of specialty and willingness to work in rural communities in Ghana. BMC Med Educ [Internet]. 2016 Dec 1 [citado 2017 Jan 4];16(1):79. Disponível em: http://www.biomedcentral.com/1472- 6920/16/79

30.   Ramos P, Alves H, Guimaraes P, Ferreira MA. Escolha da especialidade médica e do local de exercício dos médicos juniores: simulação de políticas para ultrapassar desigualdades regionais. Eur J Heal Econ [Internet]. 2016 Nov 3 [citado 2017 Jan 4]; Disponível em: http://link.springer.com/10.1007/s10198-016-0846-6

31.   Efendi F, Chen C-M, Nursalam N, Andriyani NWF, Kurniati A, Nancarrow SA. Como atrair estudantes de saúde para áreas remotas na Indonésia: uma experiência de escolha discreta. Int J Health Plann Manage [Internet]. 2016 Oct [cited 2017 Jan 4];31(4):430-45. Disponível em: http://doi.wiley.com/10.1002/hpm.2289

32.   Grobler L, Marindi P, Mabunda S, Reuter H, Volmink J. Intervenções para aumentar a proporção de profissionais de saúde que exercem a sua atividade em comunidades mal servidas. In: Grobler L, editor. Cochrane Database of Systematic Reviews [Internet]. Chichester, Reino Unido: John Wiley & Sons, Ltd; 2005 [cited 2017 Jan 4]. Available from: http://doi.wiley.com/10.1002/14651858.CD005314

33.   Woloschuk W, Tarrant M. Do students from rural backgrounds engage in rural family practice more than their urban-raised peers? Med Educ [Internet]. 2004 Mar [citado 2017 Jan 4];38(3):259-61. Disponível em: http://doi.wiley.eom/10.1046/j.1365- 2923.2004.01764.x

34.   Woloschuk W, Tarrant M. Does a rural educational experience influence students' likelihood of rural practice? Impact of student background and gender. Med Educ [Internet]. 2002 Mar [citado 2017 Jan 4];36(3):241-7. Available from: http://doi.wiley.com/10.1046/j.1365-2923.2002.01143.x

35.   Tavernier LA, Connor PD, Gates D, Wan JY. Does exposure to medically underserved areas during training influence eventual choice of practice location? Med Educ [Internet]. 2003 Apr [cited 2017 Jan 4];37(4):299-304. Available from: http://doi.wiley.com/10.1046/j.1365-2923.2003.01472.x

36.   Stearns JA, Stearns MA. Graduate Medical Education for Rural Physicians: Curriculum and Retention. J Rural Heal [Internet]. 2000 Jun [cited 2017 Jan 4];16(3):273-7. Available from: http://doi.wiley.com/10.1111/j.1748-0361.2000.tb00472.x

37.   Ricketts TC, Hart LG, Pirani M. How Many Rural Doctors Do We Have? J Rural Heal [Internet]. 2000 Jun [cited 2017 Jan 4];16(3):198-207. Available from: http://doi.wiley.com/10.1111/j.1748-0361.2000.tb00457.x

38.   Pathman DE, Konrad TR, King TS, Spaulding C, Jr. DHT. Dívida de formação médica e compromissos de serviço: The Rural Consequences. J Rural Heal [Internet]. 2000 Jun [cited 2017 Jan 4];16(3):264-72. Disponível em: http://doi.wiley.com/10.1111/j.1748- 0361.2000.tb00471.x

39.   Laven G, Wilkinson D. RURAL DOCTORS AND RURAL BACKGROUNDS: HOW STRONG IS THE EVIDENCE? UMA REVISÃO SISTEMÁTICA. Aust J Rural Health [Internet]. 2003 Dec [citado 2017 Jan 4];11(6):277-84. Available from: http://doi.wiley.com/10.1111/j.1440-1584.2003.00534.x

40.   Hart LG, Salsberg E, Phillips DM, Lishner DM. Rural Health Care Providers in the United States. J Rural Heal [Internet]. 2002 Jan [citado 2017 Jan 4];18(5):211-31. Available from: http://doi.wiley.com/10.1111/j.1748-0361.2002.tb00932.x

41.   Grobler L, Marais BJ, Mabunda S. Interventions for increasing the proportion of health professionals practising in rural and other underserved areas. Grobler L, editor. Base de dados Cochrane Syst Rev [Internet]. 2015 Jan 30 [cited 2016 Oct 15];(6):CD005314. Available from: http://doi.wiley.com/10.1002/14651858.CD005314.pub3

42.   Grobler L, Marais BJ, Mabunda SA, Marindi PN, Reuter H, Volmink J. Interventions for increasing the proportion of health professionals practising in rural and other underserved areas. Grobler L, editor. Base de dados Cochrane Syst Rev [Internet]. 2009 Jan 21 [citado 2017 Jan 4];(1):CD005314. Disponível em: http://www.ncbi.nlm.nih.gov/pubmed/19160251

<u>**ANEXO 1:**</u> **Formulário de consentimento escrito para a entrevista**

Formulário de consentimento

Título: Aumentar o acesso a parteiras qualificadas em zonas rurais remotas e de difícil acesso de
Distrito de Mbala, Província do Norte da Zâmbia.

Patrocinadores: Auto-patrocínio

Investigador: **Ernest Chama Mutale, GFMER: ID 512**

(A ser lido por mim ao participante)

Introdução

O meu nome é Ernest. Estou a trabalhar num projeto de investigação sobre saúde reprodutiva para o meu Certificado de Curso de Formação em Programa de Investigação em Saúde Sexual e Reprodutiva com a **Fundação de Genebra para a Educação e Investigação Médica.** O objetivo deste estudo é melhorar o acesso a serviços de saúde de qualidade oferecidos por parteiras do sexo masculino em áreas remotas e rurais de difícil acesso do distrito de Mbala. Tenciono realizar este estudo com 100 pacientes do sexo feminino neste hospital. Estou a pedir-lhe que participe neste estudo porque é uma das mulheres que frequentam os serviços de saúde deste hospital. Foi selecionada por mero acaso.

Quero que compreenda o objetivo deste estudo e o seu papel, para que possa decidir se quer ou não participar. Se participar, pedir-lhe-ei que assine este documento (ou, se não souber ler/escrever, que assine em frente de uma testemunha). Por favor, peça-me para explicar quaisquer palavras ou informações que possa não compreender bem.

Antecedentes Informação e objetivo da investigação

Há já algum tempo que se sabe que os parteiros do sexo masculino atendem pacientes do sexo feminino no distrito de Mbala. Houve várias opiniões sobre este tipo de parteiras neste hospital. É contra este pano de fundo que este projeto pretende explorar mais este assunto.

Se participar, convidá-lo-ei para uma entrevista. As perguntas são sobre a sua opinião em relação aos homens parteiros que prestam cuidados obstétricos. Algumas perguntas também lhe perguntarão o que pensa sobre questões relacionadas com os profissionais de saúde do sexo masculino em geral. A entrevista demora cerca de 15 a 20 minutos a ser concluída. Para fazer parte da investigação, terá de concordar em participar.

O que acontece neste estudo de investigação

Será um dos cerca de 100 indivíduos que serão convidados a participar no estudo. O estudo está a decorrer no Hospital Geral de Mbala, no distrito de Mbala. Como indicado acima, se concordar em participar neste estudo, ser-lhe-ão feitas algumas perguntas na entrevista sobre si, o que sabe sobre os problemas de saúde que afectam esta comunidade; que tipo de serviços de saúde estão disponíveis, etc. Também lhe será perguntado sobre as acções que acha que devem ser tomadas para melhorar o acesso a cuidados de saúde de qualidade no distrito de Mbala.

Possíveis riscos e desconfortos

Farei o meu melhor para proteger a sua privacidade e integridade. A sua participação na entrevista aqui será privada. No entanto, é possível que outros saibam que participou na investigação. Por esse motivo, outras pessoas podem tratá-lo(a) de forma injusta.

As perguntas podem causar-lhe alguma ansiedade ou provocar alguma experiência stressante. Poderão existir riscos/desconfortos desconhecidos. Estarei disponível para minimizar o mais possível esses riscos ou os seus efeitos. Pode, por conseguinte, recusar-se a responder a qualquer pergunta, se assim o desejar. Pode igualmente pôr termo à sua participação em qualquer altura. A sua decisão de parar não afectará os cuidados de saúde que normalmente recebe neste hospital.

É possível que eu partilhe as suas respostas com os seus profissionais de saúde. Por exemplo, se parecer deprimido ou em risco de se magoar, pedirei a um profissional de saúde para falar consigo.

Benefícios possíveis

Não receberá nenhum benefício direto da sua participação neste estudo. No entanto, a sua participação pode ajudar-me a mim e ao Distrito de Mbala como um todo a planear melhor os futuros sistemas de cuidados de saúde que são necessários para melhorar o acesso a serviços de saúde de qualidade.

Se decidir não participar na investigação

É livre de decidir se quer ou não participar neste estudo. A sua decisão não afectará os cuidados de saúde que normalmente recebe neste estabelecimento.

Confidencialidade

Farei o meu melhor para proteger as informações sobre si e o seu papel neste estudo. Não escreverei o seu nome. As informações resultantes deste estudo serão utilizadas apenas para fins de investigação e poderão ser publicadas. Em todo o caso, o seu nome não será mencionado em nenhum relatório ou publicação. Só eu saberei as suas respostas às perguntas.

Compensação

Não receberá qualquer quantia em dinheiro por participar neste estudo e não há custos para si por participar neste estudo de investigação.

Abandonar o estudo de investigação

A participação neste estudo é voluntária. A sua participação é da sua inteira responsabilidade. Pode abandonar a investigação em qualquer altura. Se sair, isso não alterará os cuidados de saúde que recebe aqui. Se optar por participar, pode mudar de ideias em qualquer altura e desistir. Se for esse o caso, não hesite em dizer-me por que razão deseja desistir.

Os seus direitos enquanto participante

Esta investigação foi revista e aprovada pelo Conselho de Administração e pela Direção do Hospital Geral de Mbala. No entanto, tem o direito de se recusar a participar neste estudo.

Se tiver alguma questão sobre a forma como está a ser afetado pelo estudo ou sobre os seus direitos como participante, pode contactar o Administrador Hospitalar Sénior, Sr. Foster Phiri, através do endereço 0976820720. Pode também contactar o Superintendente Médico, Dr. Ntumba Kongolo, através do endereço 0976685882.

INVESTIGADOR: Certifico que a natureza e o objetivo, os potenciais benefícios e os possíveis riscos associados à participação neste estudo foram explicados à pessoa acima referida.

DataAssinatura   do investigador

PARTICIPANTE: Certifico que me foram explicados a natureza e o objetivo, os potenciais benefícios e os possíveis riscos associados à participação neste estudo.

DataAssinatura   ou marca do participante

TESTEMUNHA (Se o participante não puder ler o formulário, uma testemunha deve assinar aqui): Certifico que a natureza e o objetivo, os potenciais benefícios e os possíveis riscos associados à participação neste estudo foram explicados à pessoa acima referida.

DataAssinatura   da testemunha

<u>ANEXO 2</u>: CARTA DE APOIO

Hospital Geral de Mbala

Caixa postal 420057

Mbala.

ZÂMBIA.

15th fevereiro, 2017

O Presidente do Comité

Comité de Ética da Investigação da Zâmbia

Lusaca

ZÂMBIA

RE: <u>PEDIDO DE REALIZAÇÃO DE UM ESTUDO</u>

Caro(a) Senhor(a)

Estou a participar num curso em linha sobre **"Da investigação à prática: Formação em Investigação em Saúde Sexual e Reprodutiva 2016 em GENEVA.** Tenho de concluir o curso com o protocolo de investigação para obter a certificação.

Assim, tenciono fazer uma investigação sobre a forma de **melhorar o acesso a serviços de saúde de qualidade prestados por parteiras em zonas rurais remotas e de difícil acesso do distrito de Mbala: um estudo transversal no hospital geral de Mbala.**

O estudo proposto requer dados sócio-demográficos, comportamentos de procura de saúde e serviços de saúde de qualidade oferecidos por parteiras; utilização de planeamento familiar, programas de VIH e quaisquer outros dados relacionados com a saúde reprodutiva.

Por isso, estou a pedir autorização para realizar o estudo. Este estudo é muito significativo não só para a qualificação académica, mas também para a reformulação de intervenções baseadas em provas e para a integração com parteiras masculinas no aumento do acesso a serviços de saúde de qualidade em zonas rurais remotas e de difícil acesso do distrito de Mbala.

A questão da ética foi seriamente considerada e abordada na proposta em anexo. Todas as informações serão tratadas de forma confidencial e todas as informações copiadas (sem o nome dos pacientes) serão destruídas após a conclusão da análise dos dados.

Garanto-vos que, se a autorização for concedida e o estudo estiver concluído, os resultados serão divulgados a todos os participantes através de quadros de avisos e publicações.

Ernest C Mutale

Identificação do aluno 512.

VISÃO, MISSÃO, OBJECTIVO GLOBAL, PRINCÍPIOS E PRIORIDADES

Visão

Uma nação de pessoas saudáveis e produtivas

Declaração de missão

Proporcionar um acesso equitativo a serviços de saúde de qualidade e económicos, o mais próximo possível da família

Objetivo geral

Melhorar o estado de saúde da população da Zâmbia, a fim de contribuir para o aumento da produtividade e o desenvolvimento socioeconómico

Princípios fundamentais

Cuidados de saúde primários;
Equidade de acesso;
Acessibilidade;
Relação custo-eficácia;
Responsabilidade;
Parcerias;
Descentralização e liderança; e
Reforço dos sistemas de saúde.

Domínios prioritários de saúde nacionais

Prioridades de saúde pública	Prioridades do sistema de saúde
• Cuidados de saúde primários • Saúde materna, neonatal e infantil, saúde dos jovens e dos adolescentes • Doenças transmissíveis, especialmente a malária, o VIH e a SIDA, as IST e a tuberculose. • Doenças não transmissíveis (DNT). • Controlo dos surtos de doenças e das epidemias, vigilância da saúde pública. • Saúde ambiental e segurança alimentar. • Sistemas de referenciação dos serviços de saúde. • Promoção e educação para a saúde. • Saúde comunitária • Determinantes sociais da saúde	• Recursos Humanos para a Saúde (RHS). • Medicamentos essenciais e material médico. • Infra-estruturas e equipamentos. • Informações sobre saúde. • Financiamento dos cuidados de saúde. • Liderança e governação.

Printed by Books on Demand GmbH, Norderstedt / Germany